Es ist nicht einmalig was ich erlebt habe.
Nicht auf das WAS, auf das WIE kommt es an.

Lotti Huber

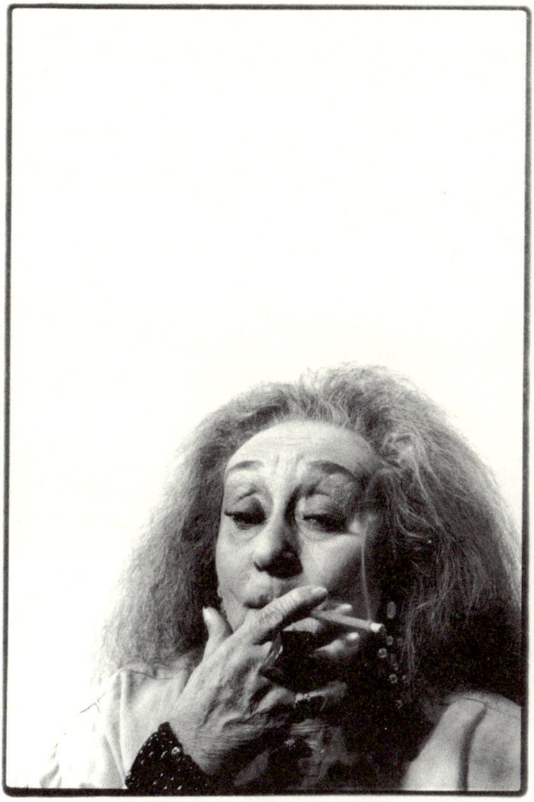

Meine Kurzbiografie

Ich bin geboren - natürlich bin ich geboren, sonst wär' ich nicht hier. Also gut, um genau zu sein am 16.10.1912, da bin ich geboren. Ja ihr habt richtig gehört - ich bin jetzt 83, hab' manchen Sturm erlebt, das kann man wohl sagen. Ja, das hat sich bei mir in Gedichten, Erzählungen und Liedtexten entladen.

Also lest nur, da könnt ihr alles über mich erfahren - und auch über Euch !

Also: Viel Freude, viel Spaß, viel Nachdenken.

Lotti Huber in Zusammenarbeit mit
Monique Tavares & Thomas Nowotny
1.Auflage 1995

Gestaltung & Satz: merz, Berlin
Lektorat: Ewa Pfeil
Foto: Burkhard Peter
Druck: Braul, Berlin

ISBN 3 931178 01 3

yontown verlag / P.O.Box 964 / 10132 Berlin

LOTTI HUBER

Gedacht Gedichtet

Yontown
VERLAG

Κοπιαστε *- komm' zu mir*

Komm und brich Brot mit mir

Es war in Zypern, an einem heißen Sommertag. Unter einem Olivenbaum saß ein alter Grieche. Friedlich graste sein Esel neben ihm. Der alte Mann hatte ein Tuch auf der schattigen Erde ausgebreitet. Ziegenkäse, Oliven, Brot, Wein aus einem alten Lederbeutel. Er winkte mir zu: „Kopiaste Madame" sagte er, „komm' und setz' dich zu mir." Nie werde ich diese wundervolle Einladung vergessen - kopiaste.

Wir aßen, wir tranken den Wein, wir sprachen miteinander, so wie vor hunderten von Jahren ein Wanderer dem anderen - „Kopiaste mein Freund, setz Dich zu mir und brich Brot mit mir."

Und so sage ich zu Euch:
Kopiaste. - Versteht Ihr was ich meine?

Das Kostüm

Palästina 1938.
Ich war aus Deutschland vor den Nazis geflüchtet und schlug mich eher schlecht als recht in dem ehemaligen Palästina, damals ein britisches Mandat, durch.

Dann brach der Krieg aus. Ich bekam ein Engagement als Tänzerin in dem größten Cabaret von Haifa.
Aber! Ich war so arm und hatte kein Geld, ein Kostüm für meinen Tanz schneidern zu lassen. Ich mußte es mir selber nähen, und so ging ich auf den Basar und kaufte mir für wenige Piaster den billigsten Stoff, den ich bekommen konnte: rot-schwarzer Flanell für die Bluse, Alpakaseide für den Rock und Stiefel im Stil des 19. Jahrhunderts. Ein Plakat von Toulouse-Lautrec gab mir die Idee. Das Hütchen, ein mit Tüll dekorierter Pappdeckel, der auf meinen Locken thronte, vollendete mein Outfit. Dazu schwarze, grobe Handschuhe - et voilà. „Madame amüsiert sich" - der Titel meiner Nummer. Der Erfolg war durchschlagend.
Ich begann meine Karriere „tänzerischer Parodien".
Mich beglückte eine wundervolle Gage und mit dem Geld wuchs mein Ehrgeiz und Anspruch.

Ich beschloß: „Ein elegantes Kostüm muß her, das würde die Nummer gewaltig heben". Lila Taft, grüner Tüll, ein riesiger Federhut. Die „Grande Dame" ersetzte mein selbst geschaffenes Kostüm. „Madame sucht Anschluß."
Aber was geschah? Der gewohnte Erfolg blieb aus.
Lauwarm, freundlich wurde ich mit mildem Applaus bedacht.

Die Seele, die Tränen, die Freude, der Überlebenskampf - alle Gefühle, die ich mit der Nadel in meine „Kreation" genäht hatte, waren verschwunden.
Sie wurden ersetzt durch oberflächliche Eitelkeit und kalte Eleganz - seelenlos. Ich holte mein altes Kostüm aus einer dunklen Ecke meines brüchigen Schrankes hervor, „es tanzte wieder mit mir".
Der Erfolg war wieder da.

A BIT NOISY

1940 - Haifa. Krieg.
Palästina war Headquarter der englischen Middle East Armee. Das „Astoria"- ein beliebtes, populäres Restaurant. Von der Zivilbevölkerung genauso geliebt wie von den Mitgliedern der britischen Force. Es lag direkt am Hafen, von wo aus man das blau glitzernde Mittelmeer sah.
Die Stadt war seit dem Ausbruch des Krieges sehr durch Bombenangriffe bedroht und gefährdet, da große Öltanks am Rande der Stadt lagerten und Ziele für die italienischen Angreifer waren.
Mein Mann, ein bezaubernder Engländer und Opernfreund, meinte immer: „Why do the italians make war and don't keep to music. That's what they really can do."

Wieder einmal waren wir zum Lunch im Astoria.
Da geschah es. Die Sirenen heulten - ein Bombenangriff war zu erwarten. Die Gäste eilten in den Keller, bis auf zwei englische Offiziere, einen Major und einen Captain, die ruhig sitzen blieben.

„Darling", sagte mein Mann, „ geh' in den Keller. Ich bleibe hier, das schulde ich meinen Landsleuten." „Nein sagte ich, mit zitternden Knien, ich bleibe bei Dir."

Eine fürchterliche Detonation ließ das Astoria heftig schwanken.
„Hm", meinte der Major, „a bit noisy, don't you think so?"
„Yes Sir", antwortete der Captain, „how vulgar, uns so bei unserem Mittagessen zu stören." „Yes", nickte der Major, „very vulgar indeed."

Dann setzten sie ihren Lunch in aller Ruhe fort.
Ich war tief beeindruckt. „A bit noisy“ nannten sie die teuflische Bombe. Mein Mann lachte: „Darling, das ist das berühmte englische Understatement in Reinkultur. Glaube mir, es ist in manch prekärer Situation eine große Hilfe. Du solltest auch lernen, es zu praktizieren".

Die Sirenen heulten das „All clear“. Die Gäste eilten aus dem Keller und setzten sich wieder an ihre Tische:
„Herr Ober - Waiter“, einen Whisky, einen Wein, ein Steak, und, und, und. Der arme Ober stolperte, ein Glas fiel zu Boden und zerbrach. „Unerhört, wie ungeschickt“, schimpfte eine Dame lautstark, „hier komm' ich auch nicht mehr her.“

„A bit noisy“ sagte ich zu meinem Mann, „A bit noisy that Lady, don't you think so?“

„WERTHEIM"

Vorsichtig schob sich der alte Mannmit seinem Bauchladen durch die Stühle und Tische des Night Clubs. „Zigaretten - Schokolade - Postkarten". Ein Captain of His Majesties Forces winkte ihn zu sich heran. „One packet Players please." - „Yes Sir - thank you, Sir."

„Darling", sagte die im Club engagierte Animierdame, „I would like some chocolates".
„Of course, Darling", antwortete der Captain, „a box of chocolate". Die Königin der Nacht, wie sie sich selber nannte, blinzelte dem alten Mann zu. Die Chocolate Box wanderte immer wieder am Ende des Abends in den Bauchladen zurück. Wie viele Male hatte sie schon diesen Weg zurückgelegt.

Wir liebten ihn alle, den alten Zigarettenverkäufer.
Nie beklagte er sich, nie jammerte er. Wir hatten ihm einen Spitznamen gegeben: „Wertheim". Er war in Deutschland Besitzer von drei Warenhäusern gewesen. Die Nazis hatten ihm alles genommen, außer seinem Leben. Er amüsierte sich über seinen Spitznamen. „Nein", meinte er, „ein Wertheim war ich nicht." Klein aber fein. Aber er ließ sich gerne diesen Spitznamen anhängen.

Einmal vertraute er mir an: „Mein Kind, nie bin ich mir bewußt gewesen, wie wundervoll es ist zu leben. Ich bin Gott dankbar, und eines Tages werde ich auch meine Häuser wiederbekommen. Dann werde ich alles ganz anders machen." „Chocolates - Cigarres - Yes Sir - Coming Sir"

Eines Abends erlitt er einen Blutsturz. Es dauerte nicht lange, sein Weg war gegangen. Er ging hinüber. Ich hielt die Hand des Toten in meiner. Ein glückliches Lächeln lag auf seinem Gesicht.

War er in seinen letzten Träumen zu seinen Häusern zurückgekehrt? Oder war es das einfache Leben, daß ihm die Ruhe und das Glück geschenkt hatte? Vielleicht amüsierte er sich auch über die Box of Chocolate, die wieder einmal ihren Platz in seinem Bauchladen gefunden hatte.

HEMDCHEN

Es war schwer, sehr schwer, mich nach 15 Jahren Zypern in London zurechtzufinden.

Resigniert blätterte ich wieder einmal in der „Sunday Times", stutzte. Mein Blick fiel auf ein großes Foto. Das war doch..., nein, das konnte nicht sein - doch das war... !

Zypern 1954
Ein Mann betritt meine Bar in Kyrenia.
Eine Woche lang kommt er regelmäßig mittags und abends, um seinen Drink einzunehmen. „Will you join me in a glass of champagne, Madam?" - „Yes, Sir." Ich war neugierig, wer dieser hochgewachsene, gutaussehende Mann war. Ich schätzte sein Alter so um die 50.

Es fiel mir auf, daß er abends wie morgens dasselbe großmaschige Netzhemd zu seinen Khakishorts trug. So gab ich ihm nach drei Tagen den Spitznamen „Hemdchen". Trotz dieses mehr als einfachen Aufzuges wirkte er sehr distinguiert. Schon die Art, wie er sein Glas hielt, es an die Lippen setzte, war eine Aussage.

„This is wonderful" sagte er und drehte sein Champagnerglas spielerisch in seiner Hand - „This simple life. Away from it all - here I am. Kein Gepäck belastet mich. Jeden Abend wasche ich mein Hemd und ziehe es am Morgen wieder an. Das ist Superluxus für mich, Freiheit !"

Erst als ich nun in London sein Foto in der „Sunday Times" sah wußte ich wer er war: einer der gefürchtesten Richter Englands - Hemdchen.

Grock

Berlin 1929

*Auf der großen Bühne des Berliner Scala stand auf der rechten Seite ein Konzertflügel, auf der linken, in beachtlicher Entfernung, ein kleiner Klavierschemel. Auftritt Grock.
Behangen mit seinen Musikinstrumenten Saxophon, Geige, Trompete, Mundharmonika. Er stand genau in der Mitte der Bühne und bemerkte offensichtlich zugleich den Flügel auf der rechten Seite und den Klavierschemel auf der linken. Großes Nachdenken. Aha.*

Mühsam begann er den Flügel in die Richtung des Klavierschemels zu schieben. Es war Schwerstarbeit. Der Flügel brach mehrere Male zusammen und wurde von ihm unter ächzendem Stöhnen wieder aufgebaut. Bis er tatsächlich, von dem Gelächter des Publikums begleitet, ungefähr einen Meter vor dem Klavierschemel landete. Da kam Grock die große Erleuchtung. Glückstrahlend hob er den Klavierschemel auf, stellte ihn vor den Flügel und spielte göttlich.

*Liebe Freunde, diese von Grock inszenierte Geschichte hat mich sehr nachdenklich gemacht.
Ich frage mich, wie oft in unserem Leben schieben wir den Flügel zum Schemel.*

Die grösste Waffe der Natur

Die größte Waffe der Natur
Damit die Menschen sich nicht
Völlig gegenseitig zerfetzen
Ist ...   die Liebe

Sie ist das große Geheimnis der Schöpfung

Niemand hat es bis jetzt gelöst
Die größte Waffe der Natur ...

Die feindlichen Schwestern

Die strahlende Liebe hat eine graue, farblose Schwester
Geduldig kauert sie hinter der Liebe und wartet
Daß ihre Zeit kommt - und die kommt bestimmt
Denn dieses trübselige Wesen hat Qualitäten
Die ihre schöne Schwester nicht hat -
Beharrlichkeit und Ausdauer
Langsam - lautlos macht sie sich breit und verdrängt die
Liebe von ihrem Thron

Ihr Name?

Die Gewohnheit.

Klage eines einsamen, alten Mannes

Jetzt ist sie tot - einfach weg
Nun sitz ich da - bin starr vor Schreck
Das hat sie bestimmt aus Gemeinheit gemacht
Hört ihr - wie sie da oben lacht
Das geht mir mächtig an die Nieren
Wer, wer wird mich jetzt so schikanieren
Wie nur sie es verstand
Wie sie mich immer reizte
Wenn sie beim Kaffeetrinken
Den kleinen Finger spreizte
Und dann hatte sie eine Art
Sich zu Räuspern - laut und verächtlich
Das ärgerte mich immer mächtig
Und dann schnallzte sie knallend mit der Zunge
Junge - Junge - Junge
Am liebsten hätte ich ihr den Hals umgedreht
Aber dazu ist es nun leider zu spät
Ja, und wie sie beim Essen immer schmatzte
Und mir den ganzen Appetit verpatzte
Und im Bett
Da lag sie nun dick und fett
Wie sie mich um Schlaf und Ruhe brachte
Wenn sie schnarchte, daß es krachte
Das war wirklich optimal
Aber egal - egal
Jetzt ist sie tot
Ließ mich allein in meiner Not
Was soll ich nur machen ohne sie
Das verzeih ich ihr nie!

Klaras Eheprobleme

KLara - Klara!
Sagt ihr Mann
Kiek Dir mal im Spiegel an
Dein dicker Hintern
Die Hängetitten
Dazu der wackelnde Bauch in der Mitten

Wie soll das nur weitergeh'n
Wie soll er mir da noch steh'n
Der Sinn nach Liebe und nach Lust
Was ich fühle ist nur noch Frust
Was soll ich eigentlich noch hier
Ich geh' in die Kneipe und trink ein Bier

Spricht's - und ist verschwunden
Jetzt beginnen Klaras schönste Stunden
Sie macht es sich am Tisch gemütlich
Und tut sich an 'nem Hummer gütlich
Danach noch Eiscreme, Sahnetörtchen
Verdauung folgt am stillen Örtchen

Jetzt kommt Hans-Dieter aus der Kneipe
Und legt sich leis' an Klaras Seite
Hans-Dieter, zischt Klara verächtlich,
Dein Bauch ist auch nicht unbeträchtlich

Ja, wo is' er denn, wo is' er denn?
Was einst so stolz war und so groß
Verliert sich jetzt in meinem Schoß
Drum lass uns in der Bibel lesen
Alles andere ist gewesen

Die Schönheitsoperation

Endlich hab' ich's geschafft
Ich bin von oben bis unten gerafft
Das hab ich alles für meinen Mann getan
Damit er mich wieder begehren kann
Aber nach meiner letzten Faceliftingoperation
Zerbrach diese von mir gehegte Illusion
Entgeistert schaute er mich an
Mein geliebter Mann

Liebling was ist denn mit dir passiert
Wer hat dir denn so dein Gesicht tranchiert
Wo sind denn die lieben Lachfältchen geblieben
Die in deinem Gesicht ihren Übermut trieben
Wie gerne hab ich sie immer geküßt
Und nun sind sie plötzlich wie weggewischt
Dein Gesicht ist glatt wie ein Aal
Liebling nun lächle doch einmal

Was? Das kannst du nicht
Das zerrt - tut dir weh
Also sowas - oh je - oh je!

Aber - ich hab's doch für ihn getan
Für ihn allein
Es sollte doch wieder wie früher sein
Heiße Nächte - in kühlen Kissen
Ach, die tu ich so vermissen

Er sagt: Darling, tut mir leid, tut mir leid
Ein jedes Ding hat seine Zeit

Ehrlich Liebling
Ich kann's beim besten Willen nicht mehr schaffen.

Na, dann laß dich doch auch,
Du weißt schon wo, raffen

Aber haben sie es damit geschafft?
Auf geht's
Im wilden Galopp
Hopp - hopp - hopp
Da schreit er:
Stopp - stopp - stopp
Mir geht die Puste aus
Zum Teufel mit dem Rein und Raus,
Dem Rauf und Runter,
Dem Hin und Her
Ich hab die Kondition nicht mehr!

Schätzchen
Ich hätte so gerne ein Glas heiße Milch
und einen knackigen Apfel dazu
und dann hätte ich gerne meine Ruh

Die Milch macht
gluck - gluck - gluck
Bei jedem Schluck.
Lustvoll wird in den Apfel gebissen
Entspannt fallen sie zurück in die Kissen
Und träumen von vergangenen Zeiten
Sanftes Schnarchen tut sie begleiten.

Hanne

Für meine Claire Waldoff

Nein! - So kann's nich weiterjehn
Es muß etwas jeschehn
Denkt Hanne
Und schrubbt die Wanne
Immer nur putzen, kochen, waschen
Und nur eenmal im Monat
Tut mein Oller mir vernaschen
Is det ´n Leben
Na e b e n !
Ick werde mir emanzipieren
Ick werde jetzt studieren
Und zu diesem Zwecke
Kooft Hanne sich Bücher - ruff
Bis an die Decke

Sie liest sie alle, die Philosophen
Die Gescheiten, aber ooch die Doofen
Von Adler, Freud und Jung
Schafft sie den Sprung
Zu Willem Reich und Ardorno,
Aber nachts da liest se ´nen Porno

Denn :
Von die janze Philosophie
Kriecht se ´nen Orjasmus n i e !

Der bittere Anfang

Adam langweilte sich im Paradies
Mehr noch, ihm war richtig mies
Da schnitt er sich zum Zeitvertreib
Eine Rippe aus dem Leib

Plötzlich wuchs der Rippe
Eine süße, kleine Titte
Dann noch eine und dann
Schöne lange Beine
Dazu ein knackiger, runder Po
Da staunte Adam aber ... ooh!

Ich heiße Eva, sagte die Rippe kokett
Du Adam ich finde dich richtig nett
Fröhlich faßte sie ihm an die Hose
Und schon hatte er seine erste Neurose

Dann entwickelte sich der liebe Doofi
Zu einem sehr unangenehmen Chauvi
Ich bin der Herr der Schöpfung
Ich, dein Mann
Schrie er seine Eva an
Für Dich: Küche, Kinder, Windelwaschen
Alles andere bleibt gefälligst mir überlassen!

Da bekam Eva einen schönen Schreck
Liebe und Romantik waren plötzlich weg
Und Eva seufzte:
Oh Jammer, oh Jammer
Das ist wirklich ein echter Hammer
Zum Teufel mit Po und Titte
Wär´ ich doch wieder eine Rippe!

Bekenntnis zur Lust

Hoch das Bein - Der Kaiser braucht Soldaten
Gib deinem Mann nur in Raten
Was er verlangt, denn das ist deine Pflicht
Aber ein Vergnügen ist das nicht!

Wie komme ich nur zu so einem Kind
Wo wir doch so eine anständige Familie sind?
So sprach meine Mutter, wurde grauer und grauer
Doch mich durchlief ein süßer Schauer
Und ich lachte,
Wenn ich dran dachte
Wie ich zum ersten Mal die Liebe erlebte
Wie glücklich war ich eine Frau zu sein
Für mich war die Liebe keine erduldete Pein

Oh göttliche Freude, himmlischer Genuß
Den sich so manche versagen muß
Oh sündige Tugend, scheinheiliges Beten
Durch die Jahrhunderte haben wir mit Füßen getreten
Was Gott uns geschenkt - Ekstase und Lust
Verwandelten wir in elenden Frust
Für mich war die Liebe Aufregung, Wahnsinnsglut
Gab mir immer wieder neuen Mut
Von keiner verlogenen Moral gestört
Hab ich ihr voll und ganz gehört

Du, Mütterlein, bist immer tugendhaft geblieben
Hingebungsvoll versorgtest du deine Lieben
Alle hast du mit Weihwasser begossen
Nur die Machart, die hast du nie genossen

Sommerträume

Du in deinem Chanel-Kostüm
Gehörst du wirklich nur ihm, deinem Mann
Und läßt sonst keinen an dich ran

Hast du nicht manchmal verwegene Träume
Verführerisch wie der Sommerwind
Locken sie dich fort vom Mann, vom Kind
Weg von der täglichen Routine
Tag ein, Tag aus auf der gleichen Schiene

Du in deinem Chanel-Kostüm
Sag mir die Wahrheit
Entfliehst du nicht manchmal deinem Mann
In wilden Träumen
Wenn deine Hormone überschäumen
Verläßt das Haus
Tobst dich aus
Folgst dem lockenden Sommerwind
Vergißt dabei den Mann, das Kind

Berechtigte Zweifel

Nein, ich glaube nicht, daß ich das kann,
Mein ganzes Leben mit einem Mann
Da müßte er schon wie Einstein sein
Wie Shakespeare
Wie Goethe
Wie Pan auf der Flöte
Und ach, eine Kantate von Bach
Wie eine Symphonie von Schubert
Aber so ist er nun mal nicht - mein Hubert

Darum glaube ich nicht, daß ich das kann,
Mein ganzes Leben mit einem Mann
Nein ich glaube nicht, daß ich das kann,
Mein ganzes Leben mit einem Mann
Tja, wenn er so wäre wie Heinrich VIII
Was der alles mit seinen Frauen machte

Oder wie der nette Mann
Von nebenan
Oder wie . . . Picasso
Ja, dann wäre ich wirklich froh
Aber mein Hubert, der isch'a man nicht so

Und wenn, und wenn er so wär
Wie Robert Redford
Wie Fred Astaire
Wie Tarzan und wie Winnetou
Wie Rosa v. Praunheim
Und weiß ich w h o

Wie einst der Rudolf Valentino
Wie Marlon Brando
Wie Al Pacino
Wie G o r b a t s c h o w
Das wäre doch ...

Gewiß dann hätte ich keine Eile
Doch kommt Zeit
Kommt Gewohnheit
Kommt Langeweile
Darum glaube ich nicht, daß ich das kann,
Mein ganzes Leben mit einem Mann

Was ist Liebe

Was ist Liebe - was ist Liebe
Träume und Triebe
Was ist Liebe, was ist Liebe
Eine Lust, eine Last ein Leben lang

Was ist Liebe, was ist Liebe
Denkt die Frau Abramowitsch
Was ist Liebe, was ist Liebe
Die Liebe ist ein großer Kitsch
Dann kauft sie sich einen neuen Hut
Da geht's ihr dann schon wieder gut
Dazu noch Kleid und Schuhe
Dann hat die liebe Seele wieder Ruhe

Was ist Liebe - was ist Liebe
Träume und Triebe
Was ist Liebe, was ist Liebe
Eine Lust, eine Last ein Leben lang

Was ist Liebe, Was ist Liebe
Denkt der Meyer, was ist Liebe
Liebe ist wenn ick ihr einen rinschiebe
Denkt der Meyer, zündet sich eine Zigarre an
Und findet, er ist ein toller Mann

Was ist Liebe - sinniert Sabinchen
Wenn ich mit ihm im Bett liege
Und mich zärtlich an ihn schmiege
Das ist Liebe - ja, das ist Liebe !

Dann spielen seine Finger auf meinem Körper
Eine Symphonie in Dur und Moll
Das finde ich toll

Was ist Liebe - was ist Liebe
Träume und Triebe
Was ist Liebe, was ist Liebe
Eine Lust, eine Last ein Leben lang
Da sprach der Landrat unter Stöhnen
Mein Fräulein, könnten Sie sich an
Meinen Körper gewöhnen -
So hat Heinrich Heine gedichtet
Ich eifere ihm nach - Adel verpflichtet

Was ist Liebe - was ist Liebe
Träume und Triebe
Was ist Liebe, was ist Liebe
Eine Lust, eine Last ein Leben lang

Was ist Liebe, was ist Liebe
eine Last?
Eine Lust ein Leben lang!

Resümee einer Ehe

Du, der du neben mir auf dem Kissen liegst
Schläfst du noch
Dreißig Jahre haben wir uns ertragen
Und dreißig Jahre haben wir uns nichts mehr zu sagen
Immer mehr haben wir uns voneinander entfernt
Und haben nichts dazu gelernt
Hey du - Schläfst du noch?
Ich erinnere mich:
Ich war krank, hatte ein Bein gebrochen
War nur noch Haut und Knochen
Aber du wolltest wandern
Dabei triebst du's mit 'ner Andern
- Übrigens meiner besten Freundin
Aber nach Hause bist du immer gekommen
Ein bißchen geschwächt, ein bißchen benommen
Wo bleibt das Essen? - brülltest du
Und ich, ich kochte - ich blöde Kuh
Hey du - Schläfst du noch
Oder bist du schon gestorben
Diese Frage stelle ich mir jeden Morgen
Denn scheintot warst du eh und je
Hey, willst du Kaffee oder Tee
Warum frag' ich das alles noch
Gefallen sind wir schon lange
Ins schwarze Loch der Gleichgültigkeit
Ausgebrannt und leer
Führen wir keine Gespräche mehr
Verschludert haben wir die schönsten Jahre
Und so wie uns gibt es viele Paare

Hey du, der neben mir auf dem Kissen liegst,
schläfst du noch?
Sprich doch mit mir - sag doch nur ein Wort!
Was gibt es heute eigentlich im Fernsehen?

Bei Anruf - M O R D!

Kleiner Ratschlag

Verwechsel Liebe nicht mit Lust
Sonst gerätst Du in einen Psycho - Frust

Er sagt: ich liebe Dich
Aber er meint nicht Dich

Sein kleiner Freund verführt ihn zu solchen Faxen
Denn der will ständig wachsen,
Wachsen, wachsen

Baby bleib cool

Seine Schultern waren breit
und knackig sein Po,
Ja, da war noch mehr und so
und ach, sein Bauch war flach.
In wilder Liebesgier
rief ich: Jetzt und hier!
Er aber informierte mich:
Mädel, das geht nicht!

Baby bleib cool -
ich bin nämlich schwul
ich bin nämlich schwul
drum Baby bleib cool.

Meine Katze war heiß
sie rollte und rollte.
Ich wußte genau was Mieze wollte.
Aber Felix der Kater
sprang in den Garten
wo zwei Kater seiner harrten.
Meine Katze miaute und schrie,
ich aber tröstete sie :

Baby bleib cool -
der Kater ist schwul
der Kater ist schwul
drum Baby bleib cool.

Schließlich kam ich in den Himmel.
Berauscht vom heiligen Glockengeklingel,
sprach ich den schönsten Engel an:
Mann bist du ein hübscher Schlingel,
mir gefallen deine Glöckchen und ihr Gebimmel.
Seine Engelsstimme sang:
Ringe-Ding-Ding-Kling-Klang.

Baby bleib cool
Ich bin nämlich schwul
ich bin nämlich schwul.
Drum Baby bleib cool.

Die Liebe geht oft seltsame Wege
mal sind sie gerade - mal sind sie schräge.
Und im Himmel wie auf Erden
macht sie dauernd uns Beschwerden,
drum wird dein Traummann plötzlich schwul:

So what!

Baby bleib cool
Na, dann ist er halt schwul.
Drum Baby bleib cool

Baby keep cool

HE WAS SO BEAUTIFUL
HE MADE ME SO HOT
I WANTED LOVE RIGHT ON THE SPOT

BUT HE SHOOK
HIS HEAD AN SAID:
THAT'S JUST TOO BAD!
HO HEY - HO HEY
BABY I'M GAY!

OH WHAT A PITTY
THAT WAS REAL CRUEL
BUT I SAID TO MYSELF:
BABY KEEP COOL - BABY KEEP COOL!

GOLDIE MY CAT
WAS ALSO HOTTER THAN HOT
ALSO SHE WANTED LOVE
RIGHT ON THE SPOT
BUT TOMY MY NEIGHBOUR'S CAT
IGNORED HER PASSION
HE WANTED LOVE AFTER
ANOTHER FASHION
HE CLIMBED UP AN
APPLETREE
AND THERE WAS HE:

OH WHAT A CAT!
WHOW! I NEVER HEARD

A MORE SEXY MIAU!
HIS NAME WAS NAPOLEON
THEY CALLED HIM NAPPY
HE MADE TOMY VERY VERY HAPPY.
MY POOR PUSSY WAS SO UPSET
AND I SAID:
I KNOW DARLING IT'S CRUEL
BUT BABY KEEP COOL

I STOOD IN FRONT OF HEAVEN'S
GOLDEN DOOR
AN ANGEL OPENED
SUCH BEAUTY I'VE NEVER SEEN BEFORE.

YOU COULD HAVE KNOCKED ME
DOWN WITH A FEATHER
I CRIED: HONEY - LET'S MAKE
LOVE TOGETHER!
HE SUNG AND RUNG HIS SILVER BELL
WHY DON'T YOU GO TO HELL.
HERE WE LIKE IT IN ANOTHER WAY
WE ARE ALL GAY - WE ARE ALL GAY

I CRIED BY GOD, THATS
REALLY CRUEL

HIS ANSWER WAS:
BABY KEEP COOL
BABY KEEP COOL

LOVE IS NOT ALWAYS ROMANTIC
SOMETIMES IT GET'S RATHER FRANTIC
AND TURNS YOUR HUSBAND
SUDDENLY INTO YOUR WIFE ....

BABY KEEP COOL
VARIETY IS THE SPICE OF LIFE!

SO WHAT!

Fehltritt in den Dünen

Das Meer
Geruch von Algen
Prickelnde Haut
Zerquetschte Krebsschwänze
Wassertropfen die wie Tränen in den Sand fallen
Plötzlich stand der Fremde vor mir
Wie Gold glänzte sein Haar im schimmernden Mondlicht
Er erklärte mir seine Liebe - auf französisch
Ich floh - er hinterher
Ich floh - er immer noch hinterher
Nein, rief ich, mein Körper gehört nicht mir
Ich bin verheiratet
Aber mein Körper stöhnte: Ja ! Ja ! Ja !
Der Fremde hatte mich schon längst erobert
Seine Hände umfaßten meine wogenden Brüste
Seine Arme waren wie Stahl
Seine Schenkel wie Beton
Wir sanken zu Boden
Schamlos wälzten wir uns im feuchten Schilf

Dornige Disteln drangen in mein sündiges Gesäß
Aber ich fühlte nur ihn - ihn - ihn
Rausch - Ekstase - Röcheln - erstickte Schreie - aaah !

Plötzlich zerriß die süße Stille das
Knattern eines Motorbootes
Ooooh!
Es ist Eberhard mein Mann - rief ich entsetzt
Mein Geliebter raffte seine Hose und floh ...

Laß mich nicht allein in meiner Schande - wimmerte ich

Mit loderndem Blick stand mein Mann vor mir
Seine Verachtung traf mich wie ein Peitschenhieb
Sein letztes Wort war: Schamlose!

Ich verlor alles
Meinen Mann
Mein Heim
Und:
Meine Witwenrente

Küss mich

Berlin, Berlin, ich lieb' dich, ich lieb' dich
Küß mich, küß mich, küß mich!

Da bin ich so übern Ku'damm geschlendert
Mann, hat sich hier alles verändert
So viele Autos, so viele Leute
Gestern war's hier viel ruhiger als heute

Da quatscht mich doch einer an
Wo ist denn hier der Kurfürstendamm
Da regte ick mir richtig uff
Mann, Sie stehn doch mitten druff
Sagense mal, wo kommse denn her
Aus der DDR?
Na, das ist aber wirklich schön
Da wolln wir mal einen heben gehn

Berlin, Berlin, ich lieb' dich, ich lieb' dich
Küß mich, küß mich, küß mich !

Nanu, war das'n Trabbi oder 'n Furz
Ach, das ist doch völlig schnurz
Sabinchen kommt aus Westberlin
Ihr neuer Freund aus Dresden

Sie jubelt: Oh, mein August, Du der Starke
Du bist für mich 'ne tolle Marke
Komm von der Elbe an die Spree
Und küß mich heiß am Müggelsee

Der alte Brauch wird nicht geknickt
Wenn's regnet, wird im Saal gefeiert

Berlin, Berlin, ich lieb' dich, ich lieb' dich
Küß mich, küß mich, küß mich!

Berlin, jetzt biste wieder oben
Wo hatte man dich nur hingeschoben

Berlin, Berlin, Angst haste keene
Fällste uff'n Hintern
Stellste dir wieder auf die Beene
Berlin, du bist der absolute Renner
Berlin, du hast die schönsten Männer

Kudamm oder Unter den Linden
Überall kannste Anschluß finden
Berlin von Zoo bis Alexanderplatz
Du bist und bleibst mein Schnuckischatz

Berlin, du meine geliebte Olle
Auf dich trink ich jetzt n' Korn
Und 'ne Molle

Berlin, Berlin, ich lieb' dich, ich lieb' dich
Küß mich, küß mich, küß mich!

Ob Du' s kannst

Berlin - Freudentränen, Extase, Überschwang
Die Mauer war weg!
Gott sei Dank

Doch dann kamen quälende Gedanken
Und brachten meine Glücksgefühle ins Schwanken

Berlin - Ich hab' Angst
Ich hab' Angst
Ob du's kannst?
Laut werden wieder Töne
Die ich so gut kenne
Vor denen ich renne, renne, renne
Berlin - Ich kann mich noch sehr gut entsinnen
Berlin - Wird es wieder von vorne beginnen?
Berlin - Paß gut auf Dich auf
Nimmt die Geschichte ihren Lauf
Berlin - Geliebte Stadt
Jetzt bist Du dran
Fängt alles wieder von vorne an?
Berlin - Ich lieb' Dich doch
Und Du mich - NOCH!
Komm' mein Berlin, ich weiß Du
hast die Kraft
Erinnere Dich, Dich hat man
schon mal kaputt Gemacht
Ach was !
Ich gebe meiner Angst einen Tritt
Und mach mit Dir mit !

Eine kleine Liebeserklärung an Berlin in a beschwipst English German mood

Berlin - Berlin you are the city I adore.
Why should I ever leave you - what for?
You got it baby
Das gewisse Etwas
Neben Dir sind alle anderen Städte grau und blaß
Keep fools at baby
Believe me,when I say:
Baby, it is wahr
You are a Superstar
Sometimes a Queen
Sometimes a Clown
You are the most exiting town
How much they try
Ignore their silly ignorant Geschrei
Believe me it's all in vain
Berlin
Bei mir biste scheen ...
Super scheen!

Der Wessi-Waldi

Geschrieben nach dem Mauerfall 1990

Ick und mein Dackel Waldi
Wir kaufen immer bei Aldi.

Frauchen, was hab' ich verbrochen,
Warum kaufst du mir heute keinen Knochen?

Waldi, die Regale sind leer
Heute gibt es keine Knochen mehr.
Und warum das?
Weil ein Frauchen aus der ehemaligen DDR
Deinen Knochen für ihren Waldi ergattert hat.
Da war mein Waldi aber platt

W A A S, ausgerechnet mit meinem Knochen
Muß das Frauchen von drüben für
Ihren Waldi 'ne Suppe kochen?
Waldi, du wirst doch immer satt,
Und außerdem bist du viel zu fett.
Nun sei doch einmal nett zu den Waldis von drüben,
Du sollst sie lieben - lieben - lieben
Und das muß du üben - üben - üben.

FRAUCHEN !

Waldi, hast du nicht immer gejammert über die Mauer?
Nun isse weg - jetzt bist' de sauer.

FRAUCHEN!!

Waldi, tu' dich doch nicht so schwer
Gib etwas von deinem Wohlstand her

WUFF!
Mir ist das Ganze nicht geheuer
Und jetzt kommt auch noch die dicke Steuer

Waldi, was ist das für ein mieses Benehmen
Du solltest dich wirklich etwas schämen!

FRAUCHEN . . . ABER . .

Kein Aber, hör' endlich auf mit dem Gelaber
Waldi wir gehen jetzt nach Haus'
Mit meiner Geduld ist es nun aus!

Mit meiner auch, Frauchen . .
WUFF- WUFF

Motorrad Song

Immer wenn ich Motorrad fahre,
Jubelt mein Herz - Oh Berlin!
Immer wenn ich Motorrad fahre,
Sagt mancher: Die hat ja ´nen Spleen!
Na - wer hat schon keine Meise?
Jeder auf seine Weise.
Immer wenn ich Motorrad fahre,
Da bin ich futsch und hin.

Hey hey Lotti - Hey hey Lotti
Du gehörst hierhin
Hey hey Lotti - Hey hey Lotti
Du bleibst in Berlin
Hey hey Lotti - Hey hey Lotti
Dich kriegt keiner klein
Hey hey Lotti - Hey hey Lotti
So wird's immer sein.

Immer wenn ich Motorrad fahre,
Jubelt mein Herz - Oh Berlin!
Immer wenn ich Motorrad fahre,
Da bin ich futsch und hin
Und wenn ich durch die Straßen düse,
Denk ich - keine Stadt ist wie diese
Und los geht's im Zick - und los geht's im Zack.
Der Lack ist noch lange nicht ab.

Hey hey Lotti - Hey hey Lotti
Du gehörst hierhin
Hey hey Lotti - Hey hey Lotti
Du bleibst in Berlin
Hey hey Lotti - Hey hey Lotti
Dich kriegt keiner klein
Hey hey Lotti - Hey hey Lotti
So wird's immer sein.

Immer wenn ich Motorrad fahre,
Jubelt mein Herz - Oh Berlin!
Immer wenn ich Motorrad fahre,
Fragt man: wo willste denn hin?
Ich habe keine Ziele
Denn Ziele gibt es viele.
Ob Ost oder Süd - Nord oder West
Berlin du bist ein Fest.

Die Giftnudel

Inspiriert durch einen Besuch im Café Kranzler

Ach, guten Tag, Frau Abendroth.
Ich dacht', Sie wären schon lange tot ...

Ach, guten Tag, Frau Winterstein.
Was macht das hübsche Töchterlein?
Na, so hübsch ist die auch wieder nicht
mit all den Pickeln im Gesicht.

Ah, die Baronin Lange -
Mann, ist das'ne Bohnenstange
unter der Haut nur ein Skelett -
auch nicht gerade sehr attraktiv
für den Mann im Bett.

Oh, wie schön, die Hermine Lund
immer zusammen mit ihrem Hund.
Ei, das reizende kleine Wauwauchen!
Autsch - genauso bissig wie sein Frauchen.

Ja wen haben wir denn da?!

Meine liebe Frau Klara Pick.
Der Hut ist wirklich sehr, sehr schick
und der Schleier, na das ist der Clou,
der deckt die lange Nase zu.

Da ist ja auch die alte Ehrlich.
Na, diese Person ist sehr gefährlich,
wie die über andere Frauen giftet.
Dabei ist sie selber schon zehnmal geliftet.

Ah, die Kammersängerin Behme
hat den Mund voller falscher Zähne
und die fletscht sie wie ein Tiger
singt dazu die gräßlichsten Lieder.

Und dann noch die Valentine Kurz
alle zwei Minuten läßt die 'nen Furz
dabei macht sie ein ganz fröhliches Gesicht
also peinlich ist ihr das überhaupt nicht.

Ach, da ist die wilde Ruth
na, was bei der sich so alles tut
sie betrügt und belügt ihren ahnungslosen Mann -
ich bewundere es, wie sie das kann.

Früher geschah es nur hin und wieder
dann packte sie das Liebesfieber
jetzt, so sagt man, soll es täglich geschehn -
die Gute kann kaum noch gehn !

Kinder, wie die Zeit vergeht
Es ist schon wirklich sehr, sehr spät.
Für mich ist jetzt die Party aus.
Ich muß jetzt ganz ganz schnell nach Haus.

Da sitzt mein Mann in seinen Pantoffeln
Und wartet auf die Bratkartoffeln,
und die zu machen ist meine Pflicht,
denn sonst klappt unsere Ehe nicht.

What are we

What are we
but miserabel worms
who never come to terms
with each other.

Yet - everyone of us
has a mother
who mourns and cries
when her son dies
and blood is dripping
of his hands
while murder and torture
never ends.

Only death has a wonderful time
he drinks all that blood
like wine - wine

Freiheit

Immer wieder werden - gerade in unserer Zeit
Lieder von der Freiheit gesungen
Knabenchöre singen über die Freiheit
Popsänger singen über die Freiheit
Freiheit - was ist das?
Gibt es sie überhaupt?
Was ist Freiheit?

Meine Freiheit ist nicht deine Freiheit
Deine Freiheit ist nicht seine Freiheit
Unsere Freiheit ist nicht eure Freiheit
Freiheit? Freiheit?

Immer wieder fallen Menschen vor einem
Befreier auf die Knie
Aber die Freiheit die sie ersehnen bekommen sie nie
Oh Mensch - warum nimmst du
Dir deine Freiheit nicht allein?
Warum willst du immer wieder Opfer sein?

Ihr klagt und jammert wenn euch die unerwünschte Freiheit
Wie ein Schraubstock umklammert
Und ihr schreit eurem Befreier ins Gesicht:
Nein - diese Freiheit woll´n wir nicht!
Nein - diese Freiheit woll´n wir nicht!

Meine Freiheit ist ...

Ein Vogel hört den Menschen von der Freiheit singen:
Oh Mensch - wie absurd mir deine Lieder klingen
Hast du mal darüber nachgedacht

Was hast du mit meiner Freiheit gemacht
Immer wieder hast du mich in einen Käfig gesperrt
Und hast mir meine Freiheit verwehrt
Sehnsüchtig kann ich nur hoffen
Eines Tages steht auch für mich die Käfigtür offen

Es geschieht
Der Vogel jubiliert ein Lied
Hüpft aus dem Käfig heraus
Und fliegt in die weite Welt hinaus
Glücklich spreizt er seine Flügel
Und fliegt davon über Berge und Hügel

Ein Jäger entdeckt ihn in großer Höh´
Es fällt ein Schuß - oh Ach und Weh!

Sein Blick der Sonne zugewendet
Singt der Vogel bevor er verendet:
Oh Mensch - wie bist du doch verblendet
Solange es Mord und Totschlag gibt
Ist es ein Hohn - dein Lied von der Freiheit
Ein heller Wahn
Schau nur - was hast du mir jetzt angetan?

Meine Freiheit ist nicht deine Freiheit
Deine Freiheit ist nicht seine Freiheit
Unsere Freiheit ist nicht eure Freiheit
Freiheit?

Der Weihnachtsengel

Weihnachten 1992

Hoch vom Himmel - da komm ich her
Aber laßt Euch sagen,
Ich will nicht mehr
Ich will mich wie ein Mensch betragen
Und einmal aus vollem Herzen „SCHEISSE“ sagen.

Ich hab' die Nase voll
Vom scheinheiligen Beten
Ich will tanzen, auf wilden Fêten.

Es kommt mir einfach lächerlich vor
Singen wir Engel zusammen im Chor:
„Friede auf Erden - und den Menschen ein Wohlgefallen!"
Wenn an allen Ecken Schüsse knallen.

Da soll ich singen
„Freut Euch oh Menschenheit“
Tut mir leid - tut mir leid,

Wenn Todesschreie die Nacht durchdringen
Da soll ich Halleluja singen?
Oh Menschen - Menschen
Was macht ihr bloß?
Bei Euch ist ja der Teufel los!

Stände Jesus jetzt vor Eurer Tür
Im schlichten Gewand
Würdet Ihr brüllen:
„Raus mit Dir - Du Asylant!“

Nein - ich kann hier nicht bleiben auf Erden.
Aber was soll nur aus mir werden?
Der Himmel hat mich rausgeschmissen!
Meine Lage ist mehr als beschissen.

Stille Nacht - heilige Nacht
Gebt acht!
Es kracht schon wieder,
Da nützen auch nichts
Die heiligsten Lieder.

Elsa

Zu einer vorübergehenden Passantin
auf der Friedrichstraße 1933

Wat kiekste so du doofet Aas?!
Macht dir wohl Spaß, mir so dämlich anzukieken,
Denkst wohl, daß de wat Besseres bist?
Biste nich! Legst dich ooch auf´n Rücken
Und läßt dir von deinen Ollen beglücken:
Für´n Fummel, für´n Auto, für´n Haus.

Wat heulste denn? Mach dir nischt draus.
Ick versteh dir - aber du nich mir.
Wat ick hier mache für´n Fuffziger,
Machst du für´n Brillant.
Warum versteckst du deine Hand?
Wenn ick mir hier die Beene abfrier,
Spielst du in deine Villa Klavier:
Chopin, Beethoven und so.
Dabei kiekt dein Oller dir auf´n Po
Und denn uff die Uhar,
Und denn is aus mit die Kultua.
Denn will er mit dir in die Betten gehn ...
Na scheen, denkste, na scheen, na scheen.
Du - vielleicht kommt dein Oller mal bei mir vorbei.
Dann nehm ick sie dir ab, die Schweinerei,
Für´n Fuffziger ...

MORGENAPPELL

Wie das Lächerliche barmherzig für Momente das Tragische vergessen läßt, erlebte ich im Konzentrationslager. Meine Zellennachbarin war schwerhörig und hatte deswegen schon des öfteren Ärger und Beschimpfungen über sich ergehen lassen müssen. Um sich Mut zu machen, sang sie Berliner Lieder vor sich hin. Natürlich war sie durch ihre Schwerhörigkeit immer zu laut.

Jeden Morgen spielte sich die gleiche Prozedur ab. Wir wurden geweckt durch das Aufschließen unserer Zellen und ein darauf folgendes, kurzes, schrilles Pfeifen - Morgenappell. In wenigen Minuten mußten sämtliche Insassen des mehrstöckigen Gebäudes der Lichtenburg im untersten Geschoß in Reih' und Glied, geordnet nach Stockwerk und Zellennummer, Aufstellung nehmen.
Die Aufseherin gab ihre Meldung an die Lagerkommandantin: „Die Gefangenen sind ordnungsgemäß und vollzählig angetreten. Keine besonderen Vorkommnisse.".

Eines Tages beim Morgenappell war der Platz meiner Zellennachbarin neben mir leer.
Was bedeutete das?

Die Aufseherin gab ihre tägliche Meldung. In diesem Moment hörten wir ein Geräusch, daß wir alle nur zu gut kannten. Sämtliche Abflüsse der Zellentoiletten führten durch ein großes Rohr bis in den Keller, so daß bei jeder Toilettenbenutzung ein Spülgeräusch wie ein reißender Fluß durch das Gefängnisgebäude dröhnte.

Meine Zellennachbarin hatte schlicht das Pfeifen überhört und saß auf dem Klo. Als sie dann doch bemerkte, daß der Appell bereits lief, stürzte sie aus ihrer Zelle und stand nun im obersten Stockwerk am Geländer und sah zu uns hinunter.

„Was fällt dir ein, komm sofort herunter", brüllte die wütende Aufseherin. Die Reaktion unserer schwerhörigen Freundin war im dicksten Berlinerisch: „Wat sacht 'se?"

Bei diesen Worten fiel es uns allen sehr schwer, das Lachen zu unterdrücken. Aber wir wußten, was uns erwartet hätte, also rissen wir uns zusammen. Mit Genugtuung sahen wir, wie aus der Aufseherin, dieser brüllenden Bestie, unter den vernichtenden Blicken der Kommandantin, ein schlotterndes Nichts wurde.

Sie hatte die falsche Meldung gegeben.

Wir gehen weiter

Auch ich habe aus dem Blechnapf gegessen
Glaubt mir - diese Zeit werde ich nie vergessen
Mit Mut und Kraft habe ich es geschafft
Eine innere Stimme sagte mir:

Du gehst jetzt weiter - gehst immer weiter
Du gehst jetzt weiter - nun steh auf und geh!

Glaubt mir auch ich habe gezittert und gebebt
Auch ich habe in Dunkelheit gelebt
Aber immer wieder sagte ich mir:
Laß dich nicht unterkriegen
Laß dich nicht von Verzweiflung besiegen

Du gehst jetzt weiter ...

Ich fragte mich: Ist jetzt alles zu Ende?
Da kam in meinem Leben die große Wende
Ich kapierte: Du mußt an dich glauben
Du darfst dich deiner Hoffnung nicht berauben
Da hörte ich ein Kind fröhlich lachen
Und ich wußte: Du mußt weitermachen!

Du gehst jetzt weiter ...

Als die Menschen glaubten es sei alles verloren
Da wurde die Welt wiedergeboren
Aus verbrannter Erde wuchsen Blumen und Bäume
Und wir hatten neue Träume

Und auch jetzt ist es soweit - seien wir bereit
Reichen wir uns die Hände
Und machen Mord und Totschlag ein Ende!

Wir gehen weiter - gehen immer weiter
Wir stehen auf und geh'n

Gedanken an meine Jugend

Oft wandern meine Gedanken
An meine Jugend zurück
Und ich frage mich:
Wäre es ein großes Glück
So wie früher zu sein?

Nein! Ganz sicher nein!

Wie oft hab' ich geweint,
Wie hab' ich gelitten.
Jetzt muß ich zwar
Meine Beine bitten
Sich in Bewegung zu setzen,
Aber meinen Seelenfrieden
Können sie nicht verletzen.

Ein bißchen schwierig
Aber in aller Ruh
Trotteln sie dem Ende zu.

Ich hoffe nur,
Daß ich nicht leide,
Und es ganz leise geht
Wenn es passiert -
Ganz unkompliziert.

Peinlich-Peinlich

Gerade wollte ich vor Liebe zerfließen
Da tat ein Pups aus meinem Hintern schießen
Mein Geliebter dachte er habe sich verhört
Und dann fragte er empört
Und rümpfte seine schöne Nase:
Darling, Hast du etwas an der Blase ?

Da war mir plötzlich sonnenklar
Er wußte gar nicht, was bei mir
Vorne und hinten war
Kühl sagte er : „Aufwiedersehen“
Aber er ward nie mehr gesehen

Wenn man älter wird
Ein wenig kälter wird
Beruhigt sich der Liebesdrang
Gott sei Dank!

Heute nehm' ich meinen Teddy in den Arm
Der ist so kuschelig und so warm
Und kein bißchen pikiert
Wenn es mir hier und da noch einmal passiert

So entstehen Tragikkomödien.

Aus der Götterspeise wird 'ne Kartoffelsuppe !

Oh what an Embarrassement !

I SAID TO MYSELF:
„IT'S ABOUT TIME
FOR YOU OLD GIRL,
TO TAKE A LOVER."
AS WE CUDDLED UNDER THE COVER
MY BOTTOM DELIBERED A THUNDEROUS FART
AND SO, ALL WENT WRONG
RIGHT FROM THE START!
MY LOVER. YELLED
„WHAT ON EARTH IS THAT?!
AND BOUNCED LIKE A TENNISBALL OUT OF BED.
HOLY MOSES,
THIS SMELL IS FAR FROM THE SCENT OF ROSES!
FOR ME LOVE HAS LOST IT'S ROMANTIC FLAIR,
ALL I NEED IS A WHIFF OF FRESH AIR.
HE WENT - LEFT ME ALONE
OH WHY AM I SO ACCIDENT PRONE.
BUT AS TIME WENT BY
I FORGOT MY SORROW.
THANK GOD THERE'S ALWAYS ANOTHER TOMORROW!
I DARE SAY
MY LOVER FROM YESTERDAY
IS NOW A BALDHEADED FAT LITTLE MAN
WHO STILL TRIES TO MAKE LOVE
AS WELL AS HE CAN.
AND I HAVE AN ADORABLE CAT,
SHE PURRS AND LIES CURLER UP ON MY BED,
AND DOESN'T CARE
AND DOESN'T RAISE A SINGLE HAIR
WHEN A FART RUMBLES
UNDER THE COVER
AND AS FOR ME -
NEVER AGAIN A PEEVISH LOVER.

Die Unterhose

Zur Eröffnung einer Herrenboutique 1987

Der Mann in seiner Unterhose
Das ist für die Frau 'ne heiße Schose
Die Unterhosen unserer Großväter
Waren die reinsten Liebestöter

Beim Anblick solcher Unterhosen
Bekamen unsere Großmütter ständig Neurosen

Heutzutage - ohne Frage
Ist die Frau entzückt
Wenn sie den Mann in seinen
Dessous erblickt

Eng, knapp und farbenfroh
Vorn' die Wölbung und hinten der Po

Ja an diesem Anblick tut sich die Frau erlaben
So und nicht anders will sie ihn haben

In Dessous mit Sexappeal
Sonst ist es aus mit dem Liebesspiel

Kindersorgen

Angeregt von einem Museumsbesuch in Korfu

Eins - zwei - drei
Wer hat den Ball -
Sorgen gibt es überall,
Meine fang'n erst an.
Oh Mann - Oh Mann - Oh Mann.

In unserem Salon
Stand ein nackter Mann aus Gips.
Mami sagte: „Das ist der
griechische Gott Apoll" -
Ich wußte gar nicht was der bei uns soll.

So spielte ich denn mit seinem Ding
Linge linge ling - linge linge ling.

So spielte ich vergnügt und munter,
Da fiel das Ding auf einmal runter.
Oh!
Mami legte mich über's Knie.
Diese Haue vergeß' ich nie.
Mami! Schluchzte ich aus vollem Herzen,
Und wand mich unter stechenden Schmerzen.
Mami!
Was findest du nur an diesem Schlappi,
Wir haben doch unseren lieben, guten Papi.

Nachtgebet eines kleinen Jungen

Lieber Gott
Ich bin klein - mein Herz ist rein
Ich möcht' so gern wie Papi sein.

Samstag in die Kneipe laufen
Mich nach Herzenslust besaufen
Nach Hause kommen
Mutti verhau'n
Und 'nen heißen Porno schau'n.

Fluchen, rülpsen, Bierchen schlucken
Unentwegt in die Röhre gucken
Hier und da mal Mutti vögeln
Und dann geht es ab zum Kegeln.

Lieber Gott
Ich bin klein - mein Herz ist rein
Ich möcht' so gern wie Papi sein
Jeden Abend will ich zu Dir beten
Dafür läßt Du mich in Papis Fußstapfen treten.

Gelle?

AMEN

Tutti-Frutti

Für eine Sendung aus „Holger's Waschsalon" 1992

Als ich das Licht der Welt erblickt'
War meine Mami ganz entzückt

Schaut mal das süße Kleinchen
Hat es nicht die schönsten Beinchen

Bei meinem Liebling sitzt alles am richtigen Fleck
Ach, ich bin ganz futsch und weg

Meine Tochter wird einmal ein großer Star
Das ist für mich doch sonnenklar

Ja! Rief begeistert meine Mutti
Wenn sie groß ist wird sie Tänzerin bei Tutti Frutti

Aber schöne lange Beine gibt es viele
Und so kam ich nicht zum Ziele

Es kam ganz anders als meine Mutti dachte
Ratet mal, wo ich Karriere machte
Holger holte mich in seinen Waschsalon
Das fand' ich affengeil und einfach bon

Wäsche zu waschen der Prominenten
Unterhosen, Socken und Hemden

Ja, das läßt meinen Busen erbeben
Das find' ich viel geiler
Als bei Tutti Frutti die Beine zu heben

Mein Bekenntnis

Mancher fühlt sich von mir gekränkt
Und er denkt:
Die Huber ist eine alte Sau
Wo bleibt denn da die Würde der Frau?
Nun gewiß, meine Sprache ist deutlich und klar
Das ist wahr.
Auch Lautmalerei schätze ich sehr
Erinnert ihr euch an die Frau und das Meer:
„Dornige Disteln drangen in mein sündiges Gesäß"
So beschreib ich die Liebe fachgemäß
Und wenn das auch manchen
Tugendhaften Nasen stinkt
So what! Es bringt vielen Freude und Mut
Und auch mir tut das gut.
Immer nur bla - bla - bla zu sagen
Das liegt mir schon lange in meinem
Empfindlichen Magen
Sich im Alter zu bescheiden
Und nur noch klagen
Nur noch leiden ....
Nein! Ich liebe es mich zu bekennen
Die Dinge beim richtigen Namen zu nennen
Das ist gesund
Das hält mich in Schwung
Ja - so muß es sein -

Deswegen ist die Huber noch lange kein Schwein!

Schnukezeterum oder Die Karriere eines Löwen

Frei nach einer Erzählung aus dem Altjapanischen

Es war einmal ein Schäfer, der liebte seine Schafe so wie ein guter Vater seine Kinder. Jedes Jahr im Frühjahr führte er sie auf die Weide.

Wieder einmal war es soweit, die Schafe grasten friedlich auf der Weide. Doch auf einmal hörten sie aus dem Gebüsch ein klägliches wimmern. Sie eilten auf das Gebüsch zu, öffneten es, und was sahen sie da ?
Ein Löwenbaby, ein süßes kleines Löwenbaby. Ach, ist es nicht niedlich, ach, ist es nicht goldig. Bitte lieber Schäfer, dürfen wir es mit zurück in unser Dorf nehmen?
Ja, sagte der Schäfer, aber unter einer Bedingung: Es darf nie erfahren, daß es ein Löwe ist. „That cried allright" sagte ein oberschlaues Schaf, daß gerade aus London gekommen war. „Wie wollen wir es denn nennen?"
Ach es hat so gezetert und es sieht aus wie eine kleine Heidschnucke - nennen wir es doch Schnuckezeterum.
Und Schnuckezeterum: Es war.
Schnuckezeterum wuchs zu einem wunderschönen Jüngling heran. Golden fielen seine Haare auf seine breiten Schultern, und um seinen Schweif beneideten ihn alle männlichen Schafe. Das schönste Schaffräulein verliebte sich in Schnuckezeterum und sie verlobten sich.

Es war wieder soweit, daß der Schäfer seine Schafe auf die Weide führte, da hörten sie auf einmal von weitem ein fürchterliches Gebrüll. Um Gottes willen, rief der Schäfer, meine Kinder, eilt, lauft, es ist ein Löwe, er wird uns alle zerreißen. Alles rannte, stolperte, lief, nur Schnuckezeterum bewegte sich nicht und stand wie gebannt da: was war das für ein Sound? Bevor er weiter nachdenken konnte, öffnete sich das Gebüsch und ein mächtiger, alter Löwe stand vor ihm. Zitternd blökte Schnuckezeterum: bähhh, bähh! Darauf der Löwe: sag mal mein Junge, was ist denn mit dir los. Bist du besoffen oder hast du gekifft? Nein Sir, ich bin doch nur ein armes Schaf, bitte tut mir nichts, bähhh. Nun hör endlich auf mit diesem albernen Geblöke. Wer hat dir denn diesen Quatsch eingeredet? Du bist ein Löwe. Ich werde dir beibringen wie ein Löwe richtig brüllt. Sie übten eine ganze Stunde.

Was für ein neues Lebensgefühl, welche Kraft, welches Selbstbewußtsein erfüllte Schnuckezeterum. Yes Sir, jubelte Schnuckezeterum, ich bin ein Löwe. Bravo, erwiderte der alte Löwe, jetzt gehst du zurück in dein Dorf und erzählst denen, die dir solchen Quatsch erzählt haben, wer du wirklich bist.

Mit erhobenem Haupt ging Schnuckezeterum zurück ins Dorf. Dort war inzwischen große Trauer ausgebrochen. Alles weinte und schrie: unser armer Schnuckezeterum, der Löwe wird ihn zerrissen haben. Seine arme, junge Braut ist Witwe noch bevor sie seine Frau geworden ist. Aber schaut doch nur wer da kommt, rief ein junges Schaf. Schnuckezeterum! Schnucki Schnucki Puzzi jubelte seine junge Braut erleichtert. Zärtlich schlang sie ihre Hufe um seinen Hals. Liebevoll, aber bestimmt schob er sie beiseite, stellte sich mitten auf den Marktplatz und brüllte, was das Zeug hielt.

Totenstille !
Er ist verrückt geworden, flüsterten sich die Schafe zu. Der Schreck hat ihm den Verstand geraubt. Nein, sagte Schnuckezeterum, ich habe meinen Verstand nicht verloren, sondern wiedergewonnen. Ich bin ein Löwe!
Fassungslos starrten sie Schnuckezeterum an. Was machen wir mit ihm? Ich weiß, sagte ein neunmalkluges Schaf, wir rufen den Herrn Pfarrer, der weiß immer eine Lösung. Und der Herr Pfarrer kam, hörte sich die Geschichte an und sagte: „Hör mal zu mein Junge, wir werden einen kleinen Spaziergang machen und uns ein bißchen unterhalten. Wenn du so weiter machst und weiter solchen Quatsch erzählst, weißt du was dann passiert? Dein Schwiegervater wird dir deine schöne Braut nicht geben, und auch nicht das Haus, das er euch versprochen hat. Die Gemeinde wird dich boykottieren, und ich , so tolerant wie ich immer bin, kann dich am Sonntag nicht in der Kirche empfangen. Also überlege dir die Antwort gut: was bist du?"

Nach kurzem Widerstand gab Schnuckezeterum auf und blökte so wie es von ihm erwartet wurde. „Na siehst du", sagte der Pfarrer, „gut so, mein Sohn." Und Schnuckezeterum heiratete seine Braut, wurde ein nützliches Mitglied der Gemeinde, ging jeden Sonntag brav in die Kirche und war unglücklich sein Leben lang.

Und, meine lieben Freunde, die Moral dieser Geschichte: wenn du unter Schafen leben willst, mußt du ein Schaf sein.

Die Geschichte eines Friedhofswärters in London

Frei erzählt nach Somerset Maugham

Auf einem Friedhof in Golder's Green, einem Stadtteil von London, erfreute sich der Friedhofswärter John Brown großer Beliebtheit. Seit 25 Jahren hegte und pflegte er die Gräber der verstorbenen Lieben, kannte jeden Namen der trauernden Hinterbliebenen, plauderte mit den Toten, den Lebendigen, den Blumen - kurz , John Brown war ein Schatz.

Nur ein winziger Schatten trübte seinen Glanz -
John Brown konnte nicht schreiben. Daher versah er jedes zu unterschreibende Dokument mit einem kräftigen Daumenabdruck.
Nun - wen störte das schon? Bis die Friedhofsverwaltung einen neuen Leiter bekam.

Als John Brown die Verlängerung seines Vertrages mit einem kräftigen Daumenabdruck bestätigen wollte, rief der neue Leiter: „Nanu - was ist denn das? Sie können nicht schreiben?"
„ Nein!" war John Browns schlichte Antwort.
Mit einer kleinen Abfindung wurde John Brown entlassen.

Sein Heimweg führte ihn durch eine der engen Straßen Londons, ein Überbleibsel eines vergangenen Jahrhunderts. „Eine Zigarette!" Er brauchte unbedingt eine Zigarette, um sein aufgewühltes Gemüt zu beruhigen. Aber vergebens suchte er in seiner Manteltasche nach einem Päckchen, und nirgends konnte er einen Zigarettenkiosk in dieser alten Straße entdecken. Da hatte er eine wundervolle Idee :
„Hier werde ich mit meiner kleinen Abfindung einen Zigarettenkiosk errichten."

John Brown entdeckte noch viele solcher alten Straßen und war bald der stolze Besitzer einer ganzen Kette von Zigarettenkiosken. Sein Bankkonto wuchs und wuchs. Und als er wieder einmal eine große Summe Geldes mit Hilfe seines Daumenabdruckes auf sein Konto einzahlte, seufzte der Bankbeamte voller Bewunderung:
„Oh Mr. Brown - Sir - wahrlich Sie sind ein vermögender Mann. Was wären Sie erst, wenn Sie auch noch schreiben könnten!"

„ Das kann ich Ihnen ganz genau sagen“
lächelte John Brown:

„ Friedhofswärter in Golder´s Green!“

Der Frack
oder
Der Sieg der Banalität über die Genialität

„Hey! Bist Du schon eingeschlafen? Mann! Nun spiel doch mal was flottes, ja spiel mir das Lied vom Tod - ha ha ha ..." grölte der Volltrunkene und fiel vom Barhocker.

Es roch nach kalten Rauch, stank nach abgestandenem Bier und Schweiß ungewaschenener Körper. Wie schuldbewußt beugte sich der junge Pianist in dieser heruntergekommenen Kneipe über die Tasten des verstimmten Klaviers.

Er nahm kaum wahr, was er spielte. Bald - bald, dachte er, wird diese Qual ein Ende haben. Seine erste Komposition, eine Sinfonie, war von der Jury „Junge Talente", angenommen worden. In einer Woche sollte er vor einem geladenen Publikum sein Erstlingswerk dirigieren.
Er träumte, sah sich schon als großen Komponisten und Dirigenten sein Orchester von Erfolg zu Erfolg führen.
Aber da gab es noch ein Problem: Was sollte er anziehen?
Alles was er besaß war ein abgetragener dunkler Anzug, zwei weiße Hemden.

Von seiner kümmerlichen Gage besorgte er sich in einem Kostümverleih einen Frack. Zitternd vor Aufregung zwängte er sich vor seinem Auftritt in das Prachtstück.

Bereitwillig folgte das Orchester seiner Stabführung. Seine leidenschaftliche Komposition erreichte ihren Höhepunkt - da! Was war das?

Das unterdrückte Kichern hinter seinem Rücken schwoll zu einem brausenden Gelächter an. Verwirrt drehte er sich um und wandte nun seinem Orchester den Rücken zu. Auch die Musiker brachen in schallendes Gelächter aus.

Die Rückennaht des Fracks war geplatzt. Neugierig lugte das von seiner Wirtin frisch gebügelte Hemd aus dem immer weiter werdenden Riss hervor.

Für einen Augenblick stand der junge Musiker wie gelähmt, der Stab fiel zu Boden. Er schlug die Hände vor's Gesicht und weinte bitterlich.

Meine Katze und ich

Meine Katze ist manchmal eine Nervensäge.
Kein Wunder, daß ich hier und da
Einen Zorn gegen sie hege.
Wehe - das Fleisch ist nicht frischer als frisch,
Servier ich's ihr auf oder unter dem Tisch -
Und versuch ich's mal mit Büchsendelikatessen
Kiekt sie mich an:
Frauchen - Die kannste alleene fressen.

Ich kaufte ihr einen Kratzebaum
Und erfüllte uns so einen Liebestraum.
Denn zerkratzt sie Tische und Stühle
Entsteht zwischen uns eine gewisse Kühle.

Aber nachts,
Da schleicht sie sich auf
Sammetpfötchen an mich heran,
Mein geliebter Haustyrann,
Und schläft auch - auf meinem Bauch.

Immer wenn ich glücklich bin

Immer wenn ich glücklich bin
Klingt ein kleines Lied in mir
Und ich flüstere: Gott - ich danke Dir

Ich habe Trauer und Schmerz überwunden
Ich habe meinen Frieden gefunden
Haß verwandelte sich in Liebe - Trauer in Mut
Oh wie gut - wie gut das meiner Seele tut
Und wenn mir Liebe und Freundschaft begegnet
Fühle ich mich von Gott gesegnet

Immer wenn ich glücklich bin
Klingt ein kleines Lied in mir
Und ich flüstere: Gott - ich danke Dir

Der versäumte Opernbesuch oder Die verflixte Eitelkeit

Wo sind nur meine Ohrringe geblieben
Und es ist schon fünf nach sieben
Pavarotti singt bald seine höchsten Töne
Und ich sitze hier und stöhne

Wo sind nur meine Ohrringe geblieben
Jetzt ist es nicht mehr fünf nach sieben
Sondern fünf nach acht
Jetzt werden alle Türen in der Oper zugemacht
Vielleicht schaff ich's noch bis zur Pause
Aber vorläufig suche ich noch zu Hause

Wo sind nur meine Ohrringe geblieben
Irgendwo müssen sie doch liegen
Ach - da sind sie ja, wie immer an ihrem gewohnten Platz
Aber das ist nun für die Katz
Denn jetzt ist es schon fünf nach zehn
Und es ist zu spät noch in die Oper zu gehn

Meine Uhr

Der Snob fühlt sich ohne Statussymbol nackt 1995

Alle meine Freunde meckern über meine Uhr.
Frau Huber, wie können sie nur
So eine einfache Uhr tragen?
Was sollen denn die Leute sagen?

Was haben sie nur gegen das gute Stück?
Aha - Es ist nicht mit Brillianten gespickt,
Aber zuverlässig ist sie und treu
Und ich pfeif' auf das ganze versnobte Geschrei.

Meine Uhr hat ihre eigene Qualität.
Ob früh - ob spät,
Ist sie immer pünktlich auf die Minute
- Die Gute.

Darum braucht sie auch keine
Brillianten, um zu protzen.
Wir beide finden das zum Kotzen.

Unsere Leichen leben noch

Geschrieben für den gleichnamigen Film

Wir sind vital und wild und klug
Und schön und sexy, voller Glut
Wir rasseln mit den Knochen bis zum Schluß
Das Leben heißt für uns Genuß

Unsere Leichen leben noch
Unsere Körper sind noch warm
Unsere Leichen beben noch
Tragen den Kopf nicht unterm Arm

Warum seid ihr nicht so wie wir
So wach und voller Lebensgier
Laßt doch das Leben nicht vorüber gehn -
nutzt die Zeit, dann wird es schön.

Wer da aufgibt ist verloren
Ohne Freud lebt er dahin
Nur wer liebt wird neu geboren
Gibt dem Leben einen Sinn

Unsere Leichen leben noch
Unsere Körper sind noch warm
Unsere Leichen beben noch
Tragen den Kopf nicht unterm Arm

Ist der Zug erst abgefahren
Bringt ihn keine Zeit zurück
Und zu spät wirst du erfahren
Daß es aus ist mit dem Glück

Unsere Leichen leben noch
Unsere Körper sind noch warm
Wir rasseln mit den Knochen bis zum Schluß
Das Leben heißt für uns Genuß

Der 'zigste Geburtstag

Happy Birthday To You
Happy Birthday To You
Happy Birthday, Dear Omi
Happy Birthday To You

Sagt mal, die ist doch schon weit über achtzig
Ha - ha . . da staunt ihr, die Alte macht sich
Ja, anstatt sich zur Ruhe zu setzen
Tut sie durch die Gegend fetzen
Kinder, schlimmer noch, viel schlimmer
Sie rockt und rollt noch immer

Trotzdem, wir müssen ihr Blumen schenken
Ja - ja - ja .. wir müssen sie bedenken
Mit Rosen ? N e i n - mit Veilchen
Den Blumen der Bescheidenheit

W - a - a - s ?! Das geht mir wirklich zu weit
Das geht mir zu weit
Veilchen die im Verborgenen nicken
Ich will Wicken, Wicken, Wicken
Steckt euch eure Veilchen an den Hut
Mir tut ganz etwas anderes gut

Bitte laßt mich endlich in Ruh
Und macht die Tür von draußen zu
Und ich schenk mir einen doppelten Whiskey ein
Und feiere meinen Geburtstag allein

Happy birthday, Happy birthday
Happy birthday to me
Und 'ne Oma werd i c h nie !

So isses

Die ganze Welt ist nur ein Arsch
Und wir sind seine Fürze
Ein jeder stinkt auf seine Art
Das gibt dem Leben Würze
Und da es nun einmal so ist
Paß auf, daß dir keiner in die Suppe pißt
Und fall nicht in die Pfütze
Mut ist die größte Stütze.

Denkt einer er ist besser als du
Dann laß dich nicht beirren
Und sieh ihm ganz gelassen zu
Der Mensch, der kann sich irren,
Und sagt er dann: Du komm mal her!
Dann frage dich: Was will denn der?
Soll er doch kommen, zeig ihm Kraft
Und laß ihn schmoren im eigenen Saft
Ist er dann arrogant und barsch
Na, ihr kennt doch alle Götz von Berlichingen ...

Die ganze Welt ist nur ein Arsch
Und wir sind seine Fürze
Ein jeder stinkt auf seine Art
Das gibt dem Leben Würze
Und da es nun einmal so ist
Paß auf, daß dir keiner in die Suppe pißt
Und fall nicht in die Pfütze
Mut ist die größte Stütze.

Man kann ganz gut zufrieden sein
Auch ohne Ideale
Stellt man sich auf das Leben ein
Von einem zum anderen Male
Dann läuft das Gute dir über den Weg
Das Ideal stellt sich oft schräg.

Darum, meine Freunde noch einmal
In aller Klarheit
Denn das ist die nackte Wahrheit:

Die ganze Welt ist nur ein Arsch
Und wir sind seine Fürze
Ein jeder stinkt auf seine Art
Das gibt dem Leben Würze
Und da es nun einmal so ist
Paß auf, daß dir keiner in die Suppe pißt
Und fall nicht in die Pfütze
Mut ist die größte Stütze.

Eine kleine Liebeserklärung an Marcel Reich-Ranicki: Verzeih mir - Ich bin kein Goethe

Du sollst wissen, saß ich Dich sehr verehr',
Aber manchmal denk ich: Weniger wär' mehr.
Ist das Buch eines Autors nicht nach
Deinem Geschmack-t,
Wird es zerhack-t.

Während die Welt in ihren Fugen bebt,
Bekommt er von Dir eine geklebt.
Lautstark verkündest Du:
Auf den Müll mit dem Buch,
Auf den Müll!
Ich weiß gar nicht, was das süll ...

Warum dieser Zorn, warum diese Häme,
Es gibt doch viel wichtigere Probläme.
Trotzdem - Dein Temperament ist zum Küssen,
Ich möchte Deine Kritik nicht missen.

Affengeil

Affengeil, affengeil, affengeil ist das Leben
Affengeil, affengeil, affengeil richtig loszulegen
Kommst du heil, kommst du heil,
Kommst du heil durch Katastrophen
Ist für dich - ist für mich - ist für uns alles geloofen.

Affengeil, affengeil, affengeil wenn die Fetzen fliegen
Affengeil, affengeil wenn wir uns dann wieder lieben
Affengeil, affengeil wenn wir weinen und lachen
Affengeil, affengeil eine tolle Dummheit zu machen.

Affengeil, affengeil, affengeil ist der Duft der Rose
Affengeil, affengeil, affengeil ist der Arsch in der Hose
Pfui Frau Huber sein sie doch nicht immer so ordinär!
Na - worüber würdet ihr denn lachen,
Wenn ich's nicht wär?!

Und wenn die Katze in die Suppe fällt
Und wenn's wieder knapp ist mit dem lieben Geld
Wenn das Baby schon im Mutterleib
Nach dem Computer schreit
Und wenn es in der Ehe kriselt
Wenn statt Sonneschein es nur noch nieselt.

Kommst du heil, kommst du heil,
Kommst du heil durch Katastrophen
Ist für dich - ist für mich - ist für uns alles geloofen

Affengeil, affengeil, affengeil ist das Leben
Affengeil, affengeil, affengeil richtig loszulegen ...

SAFARI

Die Nase voll von exotischen Ferien !

Vor zwei Jahren flog ich nach Afrika
Mein Nachbar aus Berlin war auch schon da
„Frau Huber!" rief er unter Schwitzen
„Hätten sie jedacht, daß wir mal zusammen
In der Wüste sitzen?"
Gerade wollt' ich meiner Freude Ausdruck geben
Da sah ich, sich etwas im Sand bewegen
Ein Skorpion stach meinen Freund durch seine
Bermudas in die Eier
Der schrie vor Schmerz: „O weia - o weia !!"
Ich brachte ihn sofort ins Hospital
Dort erlöste man ihn von seiner Qual.
Aber auch ich bekam peu á peu
Eine scheußliche Diarrhoe
Mit der Safari war es nun aus
Gemeinsam fuhren wir nach Haus
Na, so hatte ich mir meine Ferien nicht vorgestellt
Und dafür bezahlte ich soviel Geld
Und überhaupt
Ich mag nicht auf Tiger und Löwen schießen
Ich seh' lieber die Blumen sprießen
Ist es nicht herrlich,
Unter schattigen Bäumen ein Bierchen zu genießen
Da höre ich ein Bächlein rauschen
Ich werde mit einer Forelle plauschen
Köstlich duftet das selbstgebackene Brot meiner
Wirtin - frisch aus dem Ofen

Am Abend geh ich ins Wirtshaus schwofen
Oh wie wohl ist mir am Wochenend
Wenn der Hannes mit der Grete pennt
So ist alles Friede, Freude, Eierkuchen
Meine Freunde, das solltet ihr auch mal versuchen!

Die Hüte

Na, wie gefällt euch dieser Hut?
Steht er mir nicht gut?
Der ist extra für die Bühne gemacht.
Damit ihr euch freut,
Damit ihr lacht.
Und außerdem,
Ich kann meine Hüte doch von der Steuer absetzen.

Aber die Steuer das Ungeheuer -
Denkt anders darüber.
Frau Huber die können sie aufsetzen -
Aber nicht absetzen.
Na so was!
Und den?
Und den?
Und den?!
Damit kann ich doch nicht über den Ku´damm gehn.

Und dieses Modell Rumpelstilzchen?
Es entstand auf einem Spaziergang im Wald,
Aber die Steuer läßt das gänzlich kalt.
Frau Huber, damit können Sie uns nicht belästigen,
Damit müssen Sie sich schon selber beschäftigen,
Den können sie aufsetzen, aber nicht absetzen.

Wir tun nur unsere Pflicht,
Ob's ihnen gefällt oder nicht.
Na, das finde ich wirklich stark,
Dabei koste ich den Staat keine müde Mark!

Da hab' ich nun gerackert und geackert -
Ich werde von nun an etwas leise treten.
Der Staat wird dann von mir zur Kasse gebeten.
Ich werde ihn bitten mich zu unterstützen
Und trage nur noch Schlafmützen.

Mit 80 hat man noch Träume

Bankräuber möchte ich noch einmal sein,
Denn meine Rente ist viel zu klein.
Ich werde mir einen Tunnel bau'n,
Und ein paar Millionen klau'n.

Was sind denn das für ordinäre Geräusche,
Polizei, wenn ich mich nicht täusche.

Achtung ! Alles legt sich auf den Bauch!
Was, ich auch? -
Denkste!

Leise schleiche ich mich durch den Tunnel,
So entwische ich dem ganzen Rummel.

Hab' ich das Ende des Tunnels erreicht,
Ist der Rest ganz leicht.
Ich entledige mich meiner
Gangsterkluft und begebe mich an die frische Luft.

TAXI! TAXI!

Bitte zum Flugplatz, auf dem schnellsten Wege -
Moment mal, ich überlege:
Ich werde noch ein paar Millionen klau'n,
Sicher ist sicher, man kann ja heutzutage
Niemandem mehr trau'n.

Also mich wird man nicht kriegen,
Ich laß mich nicht von meiner eigenen
Dummheit und Habgier besiegen.

Bescheiden sitze ich im Café
Und trinke einen schwarzen Tee.
Dann sage ich verschämt und leise:
Herr Ober, heute möchte ich einmal
Ausnahmsweise Ihren berühmten Apfelkuchen
Mit heißer Vanillesauce versuchen.
Bitte sehr Madame - WAS? 4,- Mark?
Dann bleibe ich beim Üblichen,
Eine heiße Kartoffel mit Quark !

Und so mime ich die nette, arme, alte Dame,
Während ich in meiner Tasche in Millionen krame.

Bankräuber müßte man sein - aber nur erste Garnitur!

Yes, Sir! Bankräuber müßte man sein.

PIEKFEIN!

Der göttliche Narr

Das letzte Helau ist verklungen
Das letzte Lied ist gesungen
Der Narr hat seine Schuldigkeit getan
Der arme Narr kann kaum noch gehn
Oh-je, oh-je ...
Wie tun ihm die Füße weh

Müde schwankt der Narr nach Haus
Der Karneval, der ist jetzt aus
Vertauscht wird Narrenwams und Narrenkappe
Mit Schirm, Melone und Aktenmappe

Der Narr verwandelt sich wieder in Prokurist Krause
Nimmt Abschied von des Jahres schönster Sause

Jetzt muß er wieder am Schreibtisch sitzen
Und über Büchern und Zahlen schwitzen

Aber im Herzen bleibt er der göttliche Narr
Wir sehen ihn wieder im nächsten Jahr
Mit Alaaf und Helau

THANKS FOR THE MEMORY

THANKS FOR THE MEMORY
OF CANDLE LIGHT AND WINE
TRAVELLING DOWN THE RHINE
AND PARTIES WILD AND FINE
HOW LOVELY IT WAS!

THANKS FOR THE MEMORY
OF A RAINY AFTERNOON
OF MOTOTRIPS - AND BURNIN LIPS
HOW LOVELY IT WAS

MANY IS THE TIME WE FEASTED
AND MANY IS THE TIME WE FASTED
AH WELL - IT WAS SWELL
WHILE IT LASTED
WE DID HAVE FUN
AND NO HARM DONE

THANK FOR THE MEMORY
OF SUNBURNS AT THE SHORE
A LUNCH FROM 12 TO FOUR
LIFE HAS BEEN
SOMETIMES A LITTLE DIFFICULT
BUT NEVER A BORE!
SO THANK YOU - THANK YOU ALL!
OH WHAT A MEMORY:

PALESTINE - CYPRUS - ZURICH
AMSTERDAM - LONDON - NEW YORK - PARIS!
REMEMBER THE NICE YOUNG MAN
WHO SAID TO ME:

MADAME - VOUS ÊTES COMME UNE FRANÇAISE

ABER ICH SAGTE: MONSIEUR,
SEIN SE MIR NICH BEESE
ICK GEHÖRE NÄMLICH NACH BERLIN
UND DA WILL ICK OCH WIEDER HIN!

AND STRICTLY ENTRE NOUS:
ALTHOUGH MANY OF MY DREAMS
NEVER DID COME TRUE

NO TEARS!
NO FUSS!

TOUJOURS CONTENANCE!
THAT'S US!
AND FURTHERMORE - ENTRE NOUS -
I'M SO GLAD - I'VE HAVE HAD ALL OF YOU!
SO THEREFORE - CHEERIO AND TOODLELOO

THANK YOU ALL SOOO MUCH!

Inhalt